To: Ilya and Tamme ♥

and to curious and kind creatures
everywhere

and if space permits, Cade

Besucht uns auf Facebook und Instagram!

TULIPAN-Newsletter
Tolle Lesetipps kostenlos per E-Mail!
www.tulipan-verlag.de

Die Originalausgabe erschien unter dem Titel:
A Monster in My House
1. Auflage 2018
bei Penguin Random House, Australien Pty Ltd
© Text: The Umbilical Brothers, 2018
© Illustrationen: Johan Potma, 2018

Für die deutsche Ausgabe:
© Tulipan Verlag GmbH, München 2019
Alle Rechte vorbehalten
2. Auflage 2023
Text: The Umbilical Brothers
Übersetzung: Eva Jaeschke
Illustrationen: Johan Potma
Diese Ausgabe wurde in Vereinbarung mit
Random House Australia Pty Ltd veröffentlicht;
vermittelt über die Literarische Agentur Michael Meller, München
Layout und Satz: Tulipan Verlag, Stephanie Raubach
Druck: Grafisches Centrum Cuno GmbH & Co. KG, Calbe
ISBN 978-3-86429-458-7

Ein Monster
in meinem Haus

The Umbilical Brothers
und Johan Potma

Aus dem australischen Englisch
von Eva Jaeschke

TULIPAN VERLAG

In meinem Zimmer ist ein
Monster,
pscht, sei leise, bitte!
Lausch, hörst du seine Schritte?
Und sag mir, siehst du's auch?

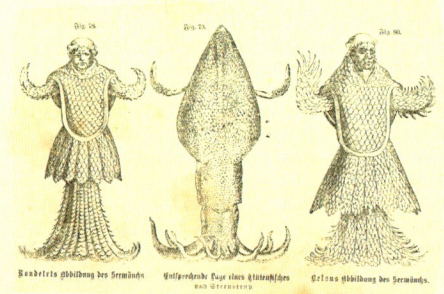

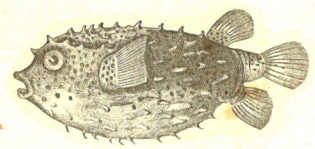

Im Flur da läuft ein Monster,
was hab ich mich erschreckt!
Es wird jetzt immer kecker –
hast du es auch entdeckt?

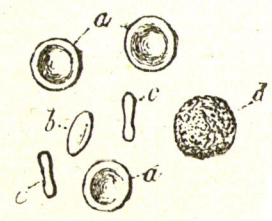

Fig. 66.

In meiner Küche ist ein Monster, hilf mir doch, oh weh,

sonst werde ich ganz sicher gleich Monster-Frikassee.

Am Esstisch hockt ein Monster,
ich glaub, es will was fressen.
Was soll ich ihm bloß geben?
Oje, doch nicht mein Leben!

In meinem Bad, da ist ein Monster,
es starrt mich direkt an.
Wo kann ich hin, was soll ich machen?
Ein Monsterjäger müsste ran:

Onkel Gerhard?

Da ist ein Monster, gleich beim Schreibtisch,
es flitzt hier hin und her.
Sieht wirklich niemand dieses Untier?
Da ist es doch! Gleich hier!

Im Wohnzimmer das Monster,
es versteckt sich nicht mal mehr,
ÜBERALL DIES MONSTER –
guck doch! Etwas näher ...

näher ...

   näher ...

Huch,

zu nah!

(fig. 159). Ze

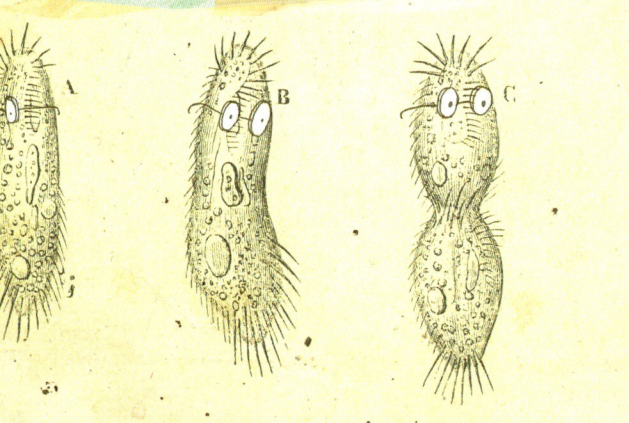

Pscht, da ist es!

DA! ☞

Monster!! →

Hinweise

NAHRUNG | **Fuß**

1. Sale! FROMAGE
2.
4. Wurmig
   Zähne
5. Innendrin
   - Riechkolben-Knochen
   - Knochen-Kopf
   - Ohr-Knochen
   - keine Ahnung was das ist
   - Zeh-Knochen
   - Arsch-Knochen

Kopflaus

100000

monster
B/ 16685

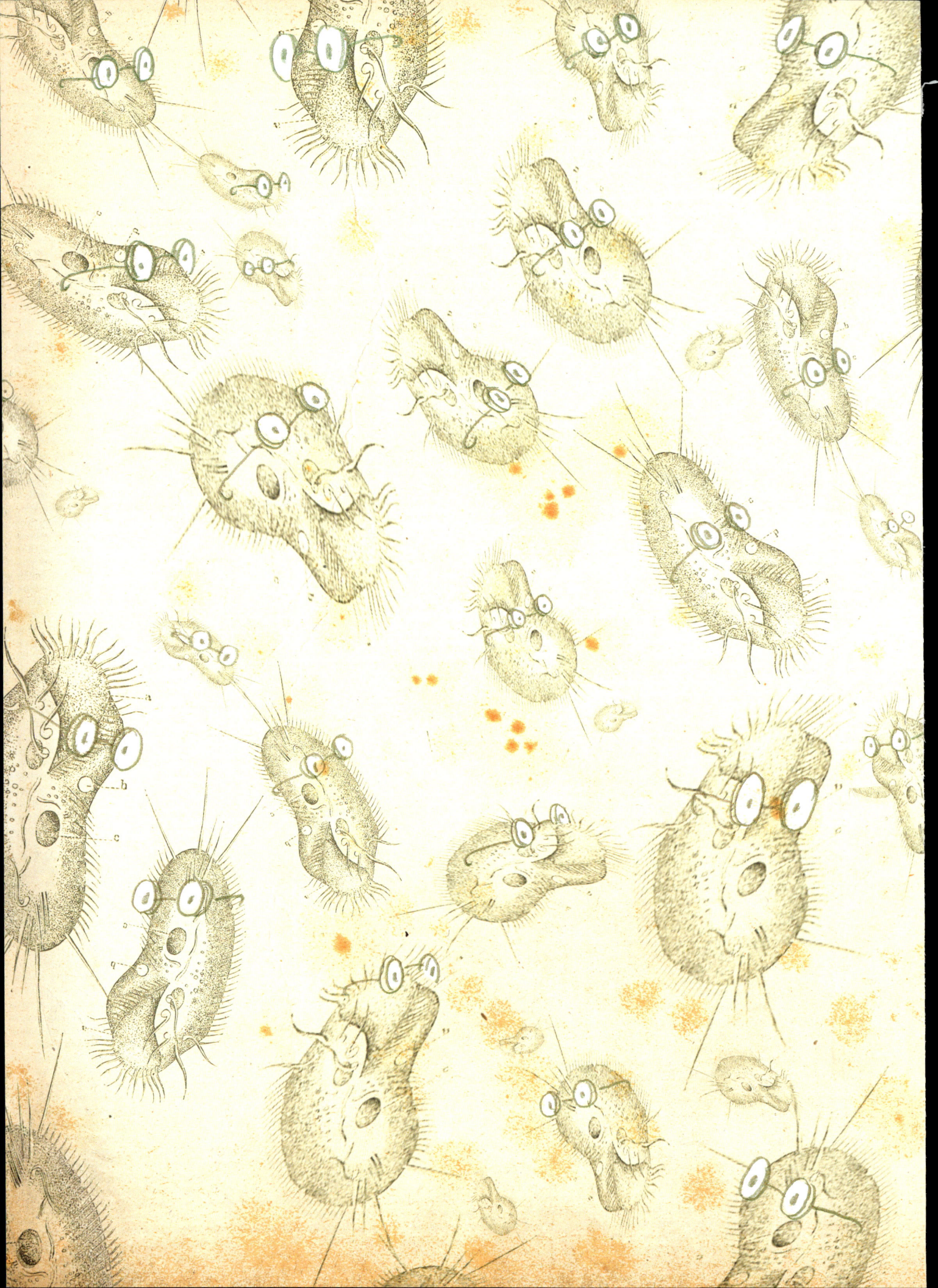